Psicologia Positiva

Aprenda psicologia na vida cotidiana e resolva bloqueios, compreenda e supere medos decifrando as pessoas e reconhecendo a manipulação, psicologia simples para iniciantes
Livro

Psicologia Geral: **Volume 1**

Indice de conteúdo

Observações introdutórias

Porque é que as pessoas têm personagens, modos de pensar e de se comportar tão diferentes? Uma variedade está no lado ensolarado da vida. Tudo o que fazem, fazem à primeira. Você não parece ter que fazer muito esforço para ter sucesso em todas as áreas da vida.

O outro tipo tirou a carta do perdedor no jogo da vida. Tudo o que eles tentam acaba num desastre incontrolável. Estas pessoas estão pisando no local e têm a sensação de que a próxima catástrofe está esperando por elas em cada esquina. Eles têm grandes medos e bloqueios que os impedem de progredir e asseguram que a sua autoconfiança e apreciação da sua própria pessoa é apenas dotada de uma baixa intensidade.

Os bebês que acabaram de ver a luz do dia podem ser equipados com diferentes genes que herdaram dos seus pais. Mas nenhuma criança nasce aleijada ou com uma personalidade forte. As duas coisas surgem no desenvolvimento e são fortemente influenciadas pelo ambiente em que as pessoas pequenas crescem.

Em primeiro lugar, são os pais que escolhem um estilo parental para transmitir valores e normas à criança.

Um outro fator é o ambiente, a escola, a classe social e a forma de pensar dos seres humanos que influenciam o desenvolvimento do comportamento e das formas de pensar. As normas e valores religiosos não devem ser subestimados. Dependendo de sua afiliação religiosa, mulheres e homens têm um status diferente na hierarquia.

A política e as influências sociais também determinam se uma pessoa se torna um livre pensador ou adere às convenções sem questioná-las e buscando novas formas de proporcionar verdadeira felicidade e satisfação consigo mesma e com a própria vida. Convenções e padrões antigos e transmitidos restringem o desenvolvimento porque manipulam as pessoas e mostram-lhes repetidamente que só existe uma forma de avançar. No entanto, o fato de este caminho poder estar completamente errado não é tido em conta. Numa época anterior, estas coisas podem ter sido boas e corretas. Mas hoje já não existem porque não só a distribuição social dos papéis mudou. Até os estilos de vida mudaram.

Já não há apenas preto ou branco, mas muitas outras cores.

Estas não são apenas as conhecidas greyscales, mas também cores brilhantes e brilhantes que simplesmente fazem as pessoas felizes e satisfeitas.

Eles encontraram a felicidade em uma ou mais decisões e se apegam a ela porque sabem que este é o caminho certo para eles.

Torne o seu mundo um pouco mais colorido, reconhecendo-se a si mesmo e ao seu status. Solte bloqueios, diga adeus aos seus medos, abra os olhos para reconhecer a manipulação, tente compreender as pessoas, analise formas de pensar e de se comportar e encontre o caminho certo para uma vida feliz e satisfeita para si mesmo.

Se é isso que realmente queres, não há mais desculpas. Porque com a psicologia positiva você cria a detecção de obstáculos que o limitam. Cada pessoa é individual e cada um tem de decidir por si mesmo para onde vai o seu navio. Mas com o conhecimento certo de diferentes influências, você pode decidir se ousa tomar novos caminhos e olhar além do seu próprio nariz.

Reconhecer e resolver bloqueios

Os bloqueios mentais são pequenas bestas insidiosas que se escondem no subconsciente. Você pode notar que algo está ali que está retardando você, mas você não pode ver de onde vem esse sentimento e por que ele está ali. Não há maneira de tornar visíveis estas coisas insidiosas, nem com um ultra-som, nem com um TC ou uma máquina de raios X. É por isso que é tão difícil para a medicina e a ciência tornar os bloqueios mentais visíveis e, portanto, tangíveis.

Tratar e resolver algo intangível é uma tarefa importante. Os pequenos fantasmas tornam a vida desnecessariamente difícil, custam muita força e energia e causam stress. Estes fatores impedem-no de o fazer, fortalecer a autoconfiança, ganhar autoconfiança, moldar sua própria vida e fazer de sua própria pessoa sua primeira prioridade. Mas há uma maneira de detectar e resolver bloqueios.

Isto não funciona como dor física, onde há medicamentos especiais e analgésicos.

Para não sentir dor mental, os humanos são verdadeiros artistas de deslocamento. Eles pintam os seus piores medos com cores brilhantes para não terem de olhar para os seus olhos malignos e brilhantes.

Mas este é apenas o início dos problemas, que se transformam num grande monstro, num bloqueio mental. Mas o que são bloqueios mentais? Estes fantasmas são programas que correm no subconsciente e o impedem de pensar e agir. Surgem em situações psíquicas excepcionais que não se enquadram no processo anterior. Eles não são tão fáceis de processar porque há muita dor mental. O subconsciente gera comportamentos para suprimir esta dor e lidar com ela.

Devias defender-te contra isto, confrontando esta dor mental. Começando com o tópico de tensão pelo cabelo e tentar com toda a sua força para deixar ir e dissolver os bloqueios.

Porque você tem um firme controle sobre esses fantasmas viciosos e pode evitá-los,
que leva uma vida feliz e realizada.

Bloqueios mentais

- ➡ sabotar cada passo do caminho.
- ➡ pode ser a causa de diferentes doenças.
- ➡ levam a certos problemas recorrentes e você tem a sensação de pisar no local.

Pode ser resolvido por uma atitude positiva.

Talvez experiências dolorosas em sua infância o tenham levado a ter bloqueios mentais que, na adolescência, se apresentaram em complexos, depressões, baixa auto-estima e autoconfiança. A fim de resolver bloqueios mentais, você tem que lidar com o tópico "deixar ir".

Defina tudo para reiniciar deixando ir

Há uma variedade de métodos com os quais você pode aprender a deixar ir para resolver bloqueios mentais. Eles trabalham muito bem e também trazem muito mais longe. Se não fosse por este grande pedaço que te está a incomodar. Eles não conseguem encontrar uma alavanca adequada para desbloquear este bloqueio e reforçar a sua autoconfiança. Apenas a alavanca certa é a percepção de que você tem que deixar ir para dissolver completamente o bloqueio mental e não carregar mais nenhum lastro com você. Mas o que significa deixar ir?

"Deixar ir não diz nada além de que você é de certeza, e substituí-lo por pensamento positivo!"

Você está livre de uma situação estressante, um evento negativo que causa estresse em você. Como é que isso funciona?

Um pequeno exemplo: Você está a caminho de trabalhar em um trem cheio e não tem mais assento. Eles estão no corredor com muitas outras pessoas que também estão a caminho do trabalho.

De repente, o engenheiro tem de fazer uma paragem de emergência. A pessoa que está atrás de você perde seu equilíbrio e o empurra para trás com muita dureza, de modo que você tem dificuldade em parar. Tens muita raiva e fúria em ti. Porque é que esta pessoa não consegue aguentar-se bem para evitar tal situação? Este mau pressentimento cria stress. Eles viram-se para dizer à pessoa o que pensam e, de repente, a situação mudou completamente. Pois antes que fique com um homem com óculos escuros e um pau cego. No braço, ele usa a braçadeira amarela com três pontos pretos. As tuas emoções mudam rapidamente. O descontentamento e a raiva são neutralizados e substituídos pela compreensão e compaixão.

O que causa esta mudança de sentimentos?

Você ganhou uma visão diferente das coisas porque você já havia julgado mal a situação e assumido a desonestidade. A nova situação permitiu que você deixasse de lado a raiva, a raiva e o estresse e os substituísse por novos sentimentos sem estar ciente deles.

A tua perspectiva mudou. A fim de resolver bloqueios mentais, você tem que mudar a visão da respectiva situação ou do evento causador.

Isto neutraliza a hormona do stress e os sentimentos de bloqueio. Há mais emoções positivas.

No entanto, nem sempre é fácil mudar de perspectiva e manifestar novas formas de pensar porque as lesões têm raízes muito profundas.

É importante que você reconheça porque reage tão negativamente a certas situações. Talvez o bloqueio não tenha nada a ver com influências externas, mas baseia-se no fato de que estais no vosso próprio caminho e não podes saltar sobre a vossa sombra.

Primeiro tente descobrir a origem do bloqueio mental. Portanto, é de grande importância rastrear as características especiais do bloqueio mental. Consegue identificar-se com os seguintes pontos?

➡ Quando alguém se aproxima de ti, o rubor sobe à tua cara.
➡ Se tens de falar à frente de outras pessoas, não tens as palavras.
➡ Quando você faz um exame, de repente você tem um apagão, mesmo sabendo que o material do exame está de dentro para fora.
➡ Sentes que estás a perder o controle quando as coisas não estão a correr como queres?
➡ As memórias e pensamentos tentadores do subconsciente emergem repetidamente, que estão ligados ao passado?

Se você conhece uma ou mais situações muito bem, é bem provável que esteja em um bloqueio mental.

É exatamente isto que tem de ser resolvido. Infelizmente, não há poção mágica que remova os bloqueios internos como por magia. Você mesmo deve se tornar ativo e enfrentar esses sentimentos.

Não tentes ignorar as tuas emoções. Ao tomar uma decisão, você define o curso para o início de uma vida cheia de satisfação e felicidade.

O primeiro passo é arregaçar as mangas e fazer algo sobre os bloqueios. Você vai ter sucesso se você está convencido de que você merece uma vida melhor e fazer tudo ao seu alcance para alcançar esse objetivo. Mas a decisão por si só não é suficiente. Tens de fazer alguma coisa quanto a isso.

Enfrentar os desafios

O caminho para uma vida nova e melhor começa com uma decisão poderosa e energética. Isto é que não gostas de dor e fazes tudo o que podes para a combater. Neste grande caminho você vai encontrar pequenos e imensos desafios, armadilhas e armadilhas, Vento de proa e muitas mais adversidades. É importante que a enfrentemos e lidemos com ela.

Alguns dos insights que você ganha são muito dolorosos. Mas a dor se torna menor e finalmente se dissolve em prazer, porque você pode lidar com o novo conhecimento de forma bastante diferente com ele. As pequenas instruções vão ajudar-te.

Informação importante: *O manual é interessante para pessoas que têm problemas com outras pessoas e estão à procura de soluções. Não é aplicável se experiências traumáticas, tais como abuso de qualquer tipo, estiverem presentes. Para tais experiências, um terapeuta, médico ou profissional alternativo deve ser consultado a fim de remover o bloqueio com o seu apoio.*

O Método Naikan para o Aqui e Agora

Para ganhar autoconhecimento, o método Naikan é uma abordagem maravilhosa em psicologia positiva. Traduzido do japonês "nai" significa dentro e "kan" significa observar. Assim, Naikan não é nada além de mergulhar em seu próprio ser. Eles se exploram, aprendem a olhar para dentro, a reconhecer bloqueios e a dissolvê-los.

Há quatro perguntas essenciais que você pode usar para esclarecer relacionamentos com pessoas com quem se relaciona ou sobre tópicos específicos. A peculiaridade das perguntas é que você não olha para dentro do ponto de vista da vítima ou do agressor. Estão a tomar uma posição neutra. Isto dá-lhe uma perspectiva diferente e neutra sobre os elementos que está a bloquear. Com as seguintes quatro perguntas você pode ter sucesso em mudar sua vida.

Eles são ideais se você tem problemas na parceria, no trabalho, na sexualidade, com dinheiro e outras coisas. Não tens de virar toda a tua vida de pernas para o ar. O passado pertence ao passado e só existe no cérebro.

É por isso que começas aqui e agora. A vida significa bem com você e envolve bloqueios em dons educacionais.

Dê uma olhada no lindo papel de embrulho de presente e veja o que a vida de presente está lhe dando agora mesmo, mesmo que às vezes possa terminar dolorosamente. O passado estará na ordem do dia mais tarde. Se você está entediado, você pode abordar a resolução da relação com seus pais. Guarda isto para mais tarde. Em primeiro lugar, trata-se do "agora", que deve ter prioridade máxima. A vida ativa acontece no presente.

Encontra um retiro onde possas pensar sem perturbações. Vá dentro de você mesmo e procure por exemplo uma pessoa, uma situação ou eventos que lhe causem problemas e estresse. Esta tensão mental cria sentimentos negativos. Leva o bloco e o lápis contigo para a tua ilha de paz e lembra-te de como era esta situação crítica. É importante que você tenha uma visão neutra da situação ou do evento e não caia imediatamente em sentimentos negativos novamente. Ilumine a situação ou evento com as seguintes perguntas:

➡ Que problemas e dificuldades causei a
esta pessoa?
➡ O que fiz eu por esta pessoa?
➡ O que é que esta pessoa fez por mim neste
momento?
➡ O que aprendi com a situação? (Poderia
eu crescer através do evento?)

Escreva tudo o que puder pensar sobre a pessoa
ou situação. Selecione frases como:

➡ a pessoa (ele/ela) foi desrespeitosa comigo
➡ Senti-me mal porque...
➡ a pessoa deu a ocasião...
➡ Eu não sou o culpado

Então estarás no papel de vítima muito
rapidamente. Elimine estas frases do seu
vocabulário. Queres experimentar uma maneira
nova e diferente de ver as coisas. Mas só terás
sucesso se olhares para o outro lado da moeda.
Quais os problemas que surgiram para mim por
esta pessoa, caem completamente debaixo da
mesa, porque parecem irrelevantes no papel de
vítima. A maneira mais fácil de ilustrar como
esse sistema de perguntas funciona é usar um
exemplo.

Exemplo: *Você quer jogar futebol com sua prole no jardim e garagem adjacente do vizinho, que beira diretamente em seu prado, é perfeitamente adequado como uma parede de gol para atirar as bolas contra ele. O teu vizinho não gosta e começa a insultar-te. Eles vão imediatamente para a oposição, ficam zangados e têm a resposta certa pronta. O seu vizinho está tão chateado com isto que ameaça chamar a polícia. É neste exato momento que você percebe que as agressões do seu vizinho desencadearam agressões em você.*

Se você pensar sobre esta situação em mais detalhes e depois olhar novamente para as perguntas, você vai descobrir rapidamente por que a situação pode se agravar desta forma.

1. **Que problema causou ao vizinho?**
Disparar bolas contra a parede da garagem do vizinho perturbou. Ele estava se concentrando em seu trabalho na oficina da garagem e foi constantemente perturbado pelos tiros de meta. Este transtorno gera estresse, que é expresso em raiva.

2. **O que fizeste pelo teu vizinho?**

Ela tinha levado a sério, escutou, prestou
atenção e às suas preocupações deu-lhe
um tempo precioso.

3. **O que é que o teu vizinho fez por ti
durante esse tempo?**

Para se dirigir a si, ele tinha de reunir muita
energia e coragem. Além disso, ele
sacrificou tanto tempo como tu.

4. **O que você aprendeu com a situação e
como cresceu com ela?**

Uma coisa é certa! Seu vizinho, através de sua
raiva, criou uma situação em que você
tem uma visão profunda de si mesmo.
Você vai perceber rapidamente que você
está dormindo com a agressão que você
não quer em tudo. Através desta
realização o ponto de vista muda. Você
pode aprender algo com cada situação e
através de cada outra pessoa.

Não importa qual seja a situação, há sempre um
lado positivo, mesmo que você esteja
profundamente magoado e desapontado com
outra pessoa.

Curando coisas do passado

Eles resolveram os bloqueios atuais. No entanto, ainda existem obstáculos que impedem uma vida feliz e contente. Agora é o momento de olhar para o passado e de o ver mais de perto.

Para tal, estão disponíveis duas variantes:

Opção 1: Você volta ao seu nascimento e examina toda a sua vida até agora.

Opção 2: Você pega uma situação estressante ou um evento que vem à sua mente espontaneamente.

Com a **primeira variante,** você certamente não vai se lembrar de tudo o que aconteceu com você até agora em sua vida. Porque a memória entre 0 e 6 anos esconde-se em muitas partes atrás de véus opacos. Apenas uma determinada parte pode ser facilmente recuperada. Não embelezar os fatos ou omitir quaisquer elementos. Use apenas as respectivas memórias que o cérebro lhe fornece nesse momento.

No primeiro passo, olha para a relação que tiveste com a tua mãe. Você foi amamentada quando criança, foi banhada por ela e ela trocou suas fraldas?

Quando criança eras uma criatura indefesa que dependia da atenção da tua mãe. A tua mãe fez muito mais do que satisfazer necessidades básicas.

Ela passou noites sentada na sua cama ou carregando você pelo apartamento porque você estava chorando ou doente. Ela fez muitas coisas para que você pudesse se desenvolver e se tornar a pessoa que você é hoje.

Quando você estiver olhando através de sua vida até agora, você deve se concentrar nas coisas e circunstâncias positivas. Eles fazem com que as coisas negativas fiquem cada vez mais pequenas. Tente concentrar-se em coisas positivas de novo e de novo durante pelo menos 21 dias. Durante este tempo você terá muitos insights sobre o seu cuidador, pode deixar ir e se sentir mais livre. Os erros cometidos pelo cuidador tornam-se mais perdoáveis. Os bloqueios associados dissolvem-se gradualmente até desaparecerem completamente.

Arranja um caderno onde possas escrever tudo numa hora calma. Anote certos períodos de idade para que as suas notas permaneçam controláveis. Assim você pode escolher o período de 0 a 6 anos, 7 a 12, 13 a 18, 19 a 24 anos.

Na primeira semana, escreve tudo o que conseguires pensar sobre as quatro perguntas sobre a tua mãe.

Na segunda semana você coloca o foco no seu pai e começa o ciclo novamente desde o início. A **segunda variante é usada para**situações estressantes no presente e é usada para eventos que ocorreram há pouco tempo. Mesmo que seja um grande desafio, você deve tentar se lembrar dos fatos.

Se você não se lembra dos fatos, tente falar com a pessoa que criou a situação incriminatória. Essa conversa pode resolver muitos mal-entendidos e eliminar sentimentos negativos.

Não fique desapontado se a outra pessoa rejeitar o seu pedido de conversa. Está tudo bem e não deve ser inconveniente. Lembre-se sempre que nem todos estão dispostos a cooperar. Talvez o "não" lhe dê o impulso para fazer as quatro perguntas novamente, a fim de ganhar uma nova perspectiva sobre as coisas. Integre as perguntas como parte integrante de sua vida cotidiana. Você será surpreendido, porque com ele você ativa as forças de autocura da alma.

Aprender a pensar positivamente

O pensamento positivo não significa nada mais do que ver os aspectos positivos de cada situação e não deixar que os pensamentos negativos surjam em primeiro lugar. O pensamento positivo anda de mãos dadas com a autoconfiança. Confiar em si mesmo permite que você acredite em seus próprios sucessos, possibilidades e lhe dá a força para tocar em coisas que os outros vêem como irrealizáveis.

Dê uma olhada em todos os grandes sucessos da história. Há sempre pensamento positivo por trás disso! Havia uma pessoa que acreditava e implementou uma possibilidade especial. O pensamento positivo proporciona-lhe muitas vantagens:

- Concentra-te em coisas boas que te fazem feliz.

- Coisas más, falhas e perigos impedem-nos de avançar. As coisas positivas, por outro lado, dão um novo ímpeto para se levantar de novo e continuar. Eles continuam a ser capazes de agir.

➥ O pensamento positivo mantém o corpo e
a mente saudáveis. Aumenta os poderes
de autocura para que possas derrotar até
as piores doenças.

➥ O pensamento positivo e o otimismo
associado são os melhores pré-requisitos
para o sucesso em áreas profissionais e
pessoais.

➥ O pensamento positivo tem uma boa lição
para ti. Você tem as rédeas em suas mãos
e pode influenciar seus pensamentos até
certo ponto. Isto dá-lhe oportunidades
completamente novas e inimagináveis.

➥ Uma perspectiva positiva de si mesmo e
de seu sucesso fortalece a auto-estima e a
autoconfiança.

➥ Você está aberto a novas idéias e assim
amplia seus horizontes.

➥ Seus órgãos dos sentidos e sua percepção
funcionaram muito melhor através de
uma maneira positiva de pensar. Com isso
você está pronto para abrir novos
caminhos e não fechar os olhos para isso.

Muitas pessoas voltam os olhos quando o tópico "pensamento positivo" é abordado. A razão para isso é uma suposição completamente errada, o que significa uma forma positiva de pensar. Eles acreditam que com o pensamento positivo as coisas negativas são simplesmente desvanecidas. Isso é errado!

É igualmente errado pensar positivamente que as pessoas são dançarinas de sonho. O otimismo é tão real como o pessimismo. Não há nada neste mundo que seja apenas positivo.

Mas é importante saber que mesmo as coisas negativas têm um lado positivo. E você decide por si mesmo em que lado quer concentrar-se.

12 maneiras de finalmente pensar positivamente

1. Não preste mais atenção aos pensamentos negativos!

Como você já sabe, pensamentos negativos têm grande poder e são destrutivos. Eles influenciam seu humor, alegria e coragem e fazem você se sentir mal. Não vale a pena prestar atenção aos pensamentos negativos. Não te vais perder, mas vais ter um peso completamente diferente. Se você mais uma vez chegar à conclusão de que as auto-repreensões, medos e preocupações estão se espalhando ou que apenas pensamentos negativos estão em primeiro plano, puxe a corda com energia e lide com outras coisas positivas que o distraem dos pensamentos negativos.

2. Sorriam, sorriam!

Uma vez ou outra você encontra pessoas que passam pela vida com cantos pendurados de suas bocas e entediados, e outra vez outros que encontram a vida com um sorriso no rosto.

As pessoas com um sorriso nos lábios são as mais felizes. Pesquisadores descobriram que uma expressão facial positiva já libera hormônios da felicidade. O cérebro absorve a informação positiva transmitida pelos músculos faciais. O sorriso deixa-o mais satisfeito e descontraído e já não vê as coisas apenas no preto, mas em muitas outras gradações de cor.

3. *Procure as coisas boas nas situações que surgem!*

Cada medalha tem dois lados, como todas as situações. É por isso que você ainda pode tirar algo de bom de qualquer má experiência se você usar a interpretação correta. Veja as coisas negativas como um desafio e um impulso de aprendizagem. Se não conseguir encontrar um lugar de estacionamento mesmo à frente da sua porta, pode ficar extremamente irritado com isso ou desfrutar de um pequeno passeio ao ar livre depois do trabalho. Pode nem sempre ser fácil tirar algo positivo de situações existenciais grandes. Quem acaba de sofrer uma grande perda,

pouco pode fazer com o conselho "será
bom para alguma coisa".

Se, no entanto, você já tiver olhado mais de
perto para as pequenas coisas e
descoberto o lado positivo, conseguirá
fazê-lo mesmo com desafios maiores.

4. *Escreva um diário sobre as coisas pelas quais você é grato!*

Nem todas as coisas são sempre tão más como
parecem no primeiro momento. Você tem
a garantia de encontrar muitas coisas
pelas quais você é grato. Puseste essas
coisas no teu diário de gratidão. Isso
permite que você se concentre em coisas
positivas em vez de prestar muita atenção
ao negativo. Escreva todas as coisas num
minuto de silêncio pelo qual você está
grato. Não é ruim se você escrever a
mesma coisa uma e outra vez, é
importante que você se conscientize disso.
Com o tempo, você descobrirá mais e mais
coisas positivas que encontra em sua
vida.

5. Use uma dose deliberada de informação negativa!

Se você ligar sua TV e rádio ou navegar nas redes sociais. Você vai encontrar relatórios de desastres em todos os lugares, então você vai ter rapidamente a impressão de que não há nada de positivo neste mundo.

Claro que há violência e catástrofes, mas há também, pelo menos, milhões de coisas positivas. Eles não aparecem nas notícias. Simplesmente minimize o fluxo de mensagens negativas, não vendo ou ouvindo notícias a cada hora e apenas ocasionalmente navegando nas redes sociais.

6. Remova as pessoas negativas do seu ambiente!

Se sua atitude é positiva ou negativa está intimamente relacionada com as pessoas ao seu redor. Qualquer pessoa que esteja constantemente rodeada de pessoas que apenas se queixam e estão insatisfeitas adota rapidamente esta atitude. Ao contrário, funciona da mesma maneira.

Quando você se rodeia de pessoas
positivas, a atitude positiva se espalha em
você. Por isso, procurem as pessoas
positivas e usem a psicologia positiva.

7. Saia do papel de vítima!

As pessoas que pensam de forma positiva
também assumem plena responsabilidade
pelas suas próprias vidas e não as culpam
a outras pessoas.

É por isso que você deve dizer adeus ao
pensamento de que você é a vítima e
apenas as coisas ruins acontecem com
você. Você mesmo tem uma grande
influência na sua própria vida. É por isso
que nunca deve abdicar desta importante
responsabilidade. Tens o leme na mão e
podes determinar para onde vai a tua
nave. Uma vez que você ganhou a
compreensão com todas as suas
consequências, você terá muitas
oportunidades e possibilidades para
aproveitar.

8. Evite comparar-se com os outros!

Porque é que o vizinho tem uma casa mais chique e um carro maior e porque é que o colega tem mais sucesso do que eu? Com estas comparações você vai criar um sabor desagradável que vai definitivamente atingir seu estômago. É melhor dar uma boa vista de olhos. Há pessoas que estão muito pior do que você . Infelizmente, isto é feito muito raramente. As pessoas quase sempre se comparam com pessoas que parecem estar melhor. Pára com isso! Se você conseguir isso, sua atitude básica mudará automaticamente e seu pensamento será positivo.

9. *Use o pensamento positivo para o seu sucesso!*

Mesmo que não tenham consciência disso, já conseguiram tantas coisas. Escreva todos os seus sucessos, mesmo os mais pequenos. Estes incluem os seus certificados de conclusão do ensino secundário, o diploma de mestrado, a sua carta de condução, a educação dos seus filhos, a mudança para um apartamento maior e mais chique e não se esqueça das situações difíceis. De certeza que vai haver

muitas coisas a juntar-se. Continue
adicionando novos sucessos à lista, seja a
torneira reparada ou o treino de ginástica
que sempre foi adiado. Escreva uma lista
diária onde você registra suas realizações.
É significativamente mais eficaz do que
uma lista de coisas a fazer.

10. Fique de olho nas suas necessidades e limites!

O pensamento positivo é difícil quando os outros
estão constantemente a tentar ultrapassar
os seus limites. Indique claramente os
seus limites e necessidades e mantenha
sempre um olho neles. Este passo
importante garante que você é bom para
si mesmo. Este é o caminho para a
psicologia positiva.

11. Concentre-se em pensamentos positivos depois de se levantar!

Se você começar o dia com pensamentos
positivos, tudo é muito mais fácil para
você e nada pode desviá-lo do caminho tão
facilmente. Para que você tenha sucesso,
você deve se lembrar de uma situação no
início da manhã, onde você estava

realmente bem, onde você estava feliz e satisfeito. Tente criar os mesmos sentimentos

e aproveite este momento positivo ao máximo.

12. *Leia livros que tratam dos temas "felicidade" e "ser feliz"!*

Os tópicos "pensamento positivo" e "ser feliz" abrangem muito mais do que os pontos listados. Portanto, você deve lidar muito intensamente com o tema. Com a literatura certa, você tem bons ajudantes para ajudá-lo a mudar seu pensamento. Procure literatura adequada na livraria. Vais ver, qualquer um que realmente queira, pode ser feliz.

Medos: efeitos de longo alcance sobre uma vida feliz

Os medos não são apenas incriminatórios. Eles têm um impacto de longo alcance em seu próprio desenvolvimento, restringem e impedem que você aproveite sua vida ao máximo. Eles vêm em diferentes formas. Especialistas concordam que, dependendo da gravidade da ansiedade, a qualidade de vida é tão severamente limitada que as pessoas podem morrer desses sentimentos negativos. A tua subdivisão do medo às vezes é assim:

1. No início da lista está o **medo**, onde o sentimento é descrito como uma ameaça ou perigo. Serve para prevenir danos e evitar situações para que estes sentimentos de medo não ocorram em primeiro lugar.

2. Uma forma intensificada é o **medo cotidiano que se manifesta** em uma sensação ameaçadora que ocorre em intervalos regulares quando as situações podem ficar fora de controle.

3. O **medo existencial** faz parte da vida e inclui o medo da solidão, da morte, da circuncisão das liberdades que o privam da autodeterminação.

4. Na **ansiedade neurótica, por** exemplo, há medo da rejeição. É vista como uma transição para uma forma patológica de ansiedade. A definição de Sigmund Freud deste medo afirma que o homem tem medo de um perigo que ainda não conhece.

5. Uma **fobia é** uma forma de ansiedade onde coisas e situações concretas desencadeiam a ansiedade. Esta pode ser, por exemplo, uma sala estreita como um elevador, uma aranha, um teste ou medo de fracasso social.

6. O pensamento, o comportamento e a ação compulsivos são referidos como **ansiedade compulsiva. Isto inclui, por** exemplo, a obrigação de lavar, a ordem compulsiva ou a obrigação de limpar.

7. Situações que não podem ser psicologicamente processadas ou prevenidas causam **medos traumáticos** Estas incluem catástrofes naturais,

acidentes, violência maciça e a ocorrência
repentina de doenças graves.Estas
ansiedades podem continuar a surgir,
mesmo décadas depois. Os especialistas
chamam a isto "flashback".

8. A pessoa afectada é acompanhada por
   medos generalizados24 horas por dia.
   Acordam com estes sentimentos de
   manhã e vão para a cama com eles à
   noite. Não há um gatilho reconhecível
   para esses estados de ansiedade, ou uma
   série de gatilhos, então a ansiedade está
   permanentemente presente.

9. **Os ataques de pânico de**repente vêm do
   nada. Por um lado, há uma razão concreta
   para isso e, por outro lado, eles podem
   parecer completamente despreparados.
   Eles são baseados em uma reação
   psicológica e física e geralmente não
   duram mais do que alguns minutos.

10. Medos, emparelhado com um**transtorno
    de personalidade**, são baseados no medo
    de perder o ego, o eu e a identidade. Isto
    leva a uma perda de estabilidade.

Estas dez formas de ansiedade são apenas
alguns dos medos que acompanham as pessoas

ao longo da vida. Para ser capaz de fazer algo a respeito dos medos, você deve primeiro descobrir em que eles se baseiam.

É o **medo primordial que** todos os seres humanos têm? Ela é inata e impede-te de fazeres coisas que só te fazem mal. O medo primordial é controlado pelo instinto. É, por exemplo, o medo da dor ou da morte e garante a sobrevivência.

Ou será **medo fictício,** que é apenas imaginação pura? A sua imaginação mostra-lhe, em diferentes situações, imagens terríveis que se espalham nos seus pensamentos. Eles não têm nenhuma conexão com a realidade e são exatamente o oposto do medo primordial, que tem sua justificativa.

Se seus medos são medos fictícios, você pode fazer muito por si mesmo para controlá-los. Porque os cenários de horror só ocorrem em sua cabeça e não tem que ocorrer na vida real em tudo. Seus pensamentos criam imagens negativas e sentimentos de medo. Imagine imagens positivas do evento ou situação e o medo não o capturará.

Existem diferentes métodos para combater
estados de ansiedade fictícios e para garantir
que os sentimentos de ansiedade desapareçam.

7 métodos para combater a ansiedade

Para que você tenha sucesso no combate aos medos, os 7 métodos começam onde o medo surge, ou seja, em sua cabeça.

1.) Faça a verificação da realidade para combater o seu medo!

Em uma inspeção mais detalhada, a maioria dos medos são completamente exagerados se você olhar mais de perto para eles durante uma verificação da realidade. Você vai perceber rapidamente que, na realidade, nada de mal resultará. Você pode fazer a verificação da realidade facilmente perguntando-se se a situação é realmente perigosa e qual é a pior coisa que pode acontecer com você. Os exemplos a seguir mostram que seus medos são infundados:

*1.) Medo de cometer um erro:*Cometer erros é humano. Além disso, é sempre o ponto de vista que conta. Se você cometeu um erro, você pode corrigi-lo a qualquer momento.

2.) *Medo da mudança:*Mudanças não significam perigo ao mesmo tempo, mas são possibilidades de crescer além de si mesmo. Através de mudanças você se desenvolve mais e amplia seu horizonte.

3.) *Medo de coisas novas:*Você só pode se desenvolver ainda mais se experimentar coisas novas. Mesmo que o medo pareça muito real, você não sabe o que esperar de antemão. Se você aproveitar a oportunidade, descobrirá depois que seus medos estavam completamente errados. É por isso que te deves atrever a experimentar coisas novas.

4.) *Medo de mostrar limites:*Mostre a sua contraparte calmamente limites que ele não pode atravessar e não tenha medo disso. A outra pessoa não o atacará nem o magoará e perceberá muito rapidamente que se comportou de forma imprópria.

5.) *Medo de mostrar a verdadeira personalidade:* Nada de mal acontecerá se mostrares a tua verdadeira personalidade, o teu verdadeiro eu. Cada pessoa é individual e não precisa se esconder por isso. Pessoas que não gostam do verdadeiro, não pertencem ao seu ambiente.

6.) *Medo de falar com outras pessoas:*A única
coisa que te pode acontecer é a rejeição. Ser
rejeitado não é um grande sentimento, mas
mostra diretamente que essas pessoas têm
pouco respeito. Não precisas de pessoas assim.
Deixe claro para si mesmo que é um sentimento
desagradável, mas não lhe causa mais danos.

7.) *Medo de falhar:*Falhas e fracassos não são
nada que lhe cause danos físicos. Veja as
derrotas como um desafio para crescer e
melhorar. Eles abrem novas perspectivas para
ti. Por isso, levanta-te e começa de novo.

8.) *Medo de estar sozinha* Mesmo que seja
terrível, não precisas de ter medo de estar
sozinha. Estejam cientes de que estar sozinhos é
um prazer, porque finalmente têm tempo para
satisfazer os vossos próprios desejos e
reorganizar a vossa vida.

9.) *Medo, o que os outros pensam de ti.*esse
medo não só é injustificado, mas completamente
inútil. Não te devias importar. Além disso, a
maioria das pessoas tem bastante a ver consigo
mesmas e certamente não se preocupam com
você mentalmente.

***10.)** Medo de aparições públicas, apresentações, entrevistas:* A pior coisa que pode acontecer com você é gritar boo, agitar a cabeça ou talvez ser jogado com ovos podres. Tente ser convincente e criar imagens positivas em sua mente. O medo baseia-se apenas em medos fictícios que podem ser influenciados.

Estas são apenas algumas coisas que parecem desconfortáveis. Você mesmo cria esses sentimentos em sua cabeça, mas não faz com que você sinta dor real ou esteja em perigo.

Assim que você se perguntar o que pode acontecer com você no pior dos casos, verá que as imagens na sua cabeça não correspondem de forma alguma à realidade. Uma vez que você tenha reconhecido isso, os medos perdem seu efeito poderoso.

2.) Mude as imagens na sua cabeça!

Além da verificação da realidade, você pode mudar as imagens em sua cabeça positivamente. A crença de que você não tem influência nos seus pensamentos é errada. Se é isso que queres, podes controlar os teus pensamentos.

Imagine um prado de flores coloridas. Aposto que os vês agora mesmo à frente do teu olho interior! Tudo que você precisa é perceber que você é responsável por seus próprios pensamentos. Assim que o medo se instala, você deve perceber conscientemente as imagens na sua cabeça e olhar atentamente para o que elas mostram.

Se espalharem sentimentos de ansiedade, tente apagá-los. Você pode fazer isso tornando a foto pequena ou pouco clara, rasgando-a ou pintando-a sobre ela com cores brilhantes. Se continuares a tentar, vai ser fácil para ti. Tente substituir as imagens negativas por positivas. Você pode fazer isso imaginando a imagem aparentemente negativa nas cores mais bonitas.

Através da sua imaginação, você cria uma percepção positiva em seus pensamentos e assim substitui os pensamentos negativos. As imagens mentais são a melhor arma secreta contra o medo.

3.) Aprenda a controlar os seus pensamentos!

Quanto mais consciente estiveres dos teus pensamentos, mais fácil é para ti influenciá-los. A meditação é um método muito bom para uma maior consciência dos próprios pensamentos.

Porque com ele você consegue sair do carrossel do seu mundo de pensamentos e simplesmente deixar ir as emoções negativas. Proporciona paz e mais atenção. Não tens de meditar durante horas. Só alguns minutos por dia é suficiente. Além de paz mental e relaxamento, a meditação também proporciona uma sensação corporal positiva, que também tem um grande efeito sobre os sentimentos de ansiedade.

Info: *Se você está solto e relaxado, você não pode sentir medo ao mesmo tempo!*

4.) Use o sucesso contra o medo como uma arma secreta!

Uma sensação de realização é uma boa maneira de combater a ansiedade. Cada vez que você tiver superado o medo, você terá menos sentimentos negativos na próxima vez. Eles sentiram que nada de mal pode acontecer e desenvolver uma nova autoconfiança. Dê este passo a passo antes de enfrentar os grandes medos.

Para te ajudar a combater o medo, podes recordar sucessos passados. Lembre-se de situações em que você já enfrentou e superou seu medo. Não têm de ser grandes coisas. Mesmo os pequenos têm um efeito imenso.

A certeza por si só lhe dá uma boa sensação,
porque você mesmo lutou contra o medo de um
determinado evento.

Lembrando sempre e sempre tais situações,
vocês as manifestam em seu subconsciente: "Eu
posso fazer isso aconteça o que acontecer! Isto
assegurará que não restará nada de que tenha
medo.

5.) Enfrentem os vossos medos juntos!

Às vezes os medos ficam maiores quando temos
de os enfrentar sozinhos. Então você sente que é
muito pior se você tem que falar sozinho na
frente de uma audiência ou se você vai para
casa sozinho no escuro do que com outras
pessoas juntas.

Um grupo dá-lhe uma sensação de segurança e
apoio. Isto vai fazer-te sentir muito mais forte.

Encontre pessoas no seu ambiente que não
tenham medo de situações ou coisas que o
assustam. Da mesma forma, você pode se cercar
de pessoas que já superaram medos.

Mostram-te que podes enfrentar os teus medos
sem que nada de terrível aconteça.

6.) Contra-atacam os vossos pensamentos negativos agindo!

Quanto mais você pensa sobre uma situação, um evento ou uma coisa, mais o medo se acumula. Isso é lógico, porque gastamos muita energia a imaginar imagens negativas na tua cabeça. Seja mais rápido do que seus pensamentos e entrar na faixa de velocidade para evitar conjurar os piores cenários em primeiro lugar.

Isso não quer dizer que estejas a correr para a beira do perigo. Mantenha o tempo de reflexão no mínimo e pergunte a si mesmo se a coisa ou situação é realmente ameaçadora. Então devias fazê-lo!

- Fale com a mulher extremamente interessante ou com o grande homem ao seu lado no bar, calma e espontaneamente, sem primeiro passar por 1.000 variações na sua cabeça. Não há errado ou certo. A única coisa que pode acontecer é teres uma rejeição!
- Suba ao palco em um bar de karaoke e pegue o microfone antes que surjam pensamentos negativos sobre como o público pode reagir.

Ao tomar medidas imediatas e ser corajoso, você expulsa da sua mente pensamentos negativos e cenários de horror.

7.) Deixe que a dor dos sentimentos negativos tenha um efeito sobre você!

Claro que os medos não são sentimentos bonitos. Mas que alternativa há para os combater? O medo tem-vos firmemente sob controle e impede-vos de se superarem a vós próprios e de abrirem novos caminhos.

Tenta encarar o teu medo e deixa a dor ir. Você pode fazer isso imaginando sua vida diante de seus olhos internos se não enfrentar seu medo e lutar contra ele. Tente sentir as sensações que surgem. Pensa nisso,

- o que estás a perder por causa dos teus medos,
- que experiências você vai perder
- e as limitações da qualidade de vida que a ansiedade traz consigo.

Estes não são bons espectáculos!

Agora imagine como é feliz e cumprindo sua vida quando você superou seus medos.

Crie imagens de quanto mais diversão você terá na vida quando seus medos se forem. Sem medo, você finalmente será capaz de formular novos objetivos e alcançá-los.

Tens potencial para finalmente começar uma vida feliz .

Aprender a compreender a si mesmo e usar o conhecimento para o desenvolvimento da personalidade

Há estas declarações famosas e simples que o fazem pensar e causar insatisfação. Uma dessas afirmações é:

"Antes de poder mudar, tenho de me conhecer primeiro!"

Mas o que significa conhecer-se a si mesmo? Se você é honesto agora, você logo perceberá que sua maneira de pensar e agir ocasionalmente lhe dará grandes enigmas. Podes desistir confiantemente da alegação de te conheceres a ti próprio. Mas no decorrer de sua vida você sempre aprenderá algo sobre si mesmo e terá a oportunidade de mudar alguma coisa.

É espantoso que as pessoas sejam capazes de mudar mesmo que pensem que não se conhecem e não compreendem as suas acções.

Por mais estranho que isto possa parecer agora as pessoas podem mudar porque pensam em sua maneira de pensar e agir e percebem que ganham uma certa consciência. Há clareza, que aprofunda a compreensão de si mesmo.

O autoconhecimento surge, por exemplo, de outras pessoas que dão feedback sobre a sua própria pessoa, comportamento ou expressões. O que se quer dizer não é crítica, mas as observações concretas que outras pessoas fazem quando lidam consigo. No entanto, o próprio efeito sobre outras pessoas é apenas um ponto entre muitos outros. Também é importante se a imagem externa e a auto-imagem se encaixam e se você consegue transmitir suas próprias opiniões corretamente. A fim de desenvolver a autoconcepção, você deve responder às seguintes perguntas:

- ➡ Quem sou eu? Quem sou eu?
- ➡ Que tipo de pessoa sou eu?
- ➡ Porque é que sou assim e não diferente?
- ➡ O que pode ser de mim?

Uma das questões mais difíceis em termos de conteúdo e metodologia é a do "porquê". Isso muitas vezes reflete padrões de comunicação com os quais você já se deparou em sua vida e ainda se encontra. Há padrões especiais que são de pouca utilidade para a auto-descoberta.

Estas incluem perguntas como "Porque estás a fazer isto outra vez?" ou "Como pudeste...?" Tais perguntas te envergonham e te afligem.

Vamos voltar à pergunta inicial. Se você quiser mudar alguma coisa, você também pode mudar alguma coisa sem um objetivo concreto. Tal tentativa pode resultar em algo melhor.

Mas os esforços tornam-se mais eficazes quando se compreendem as ligações concretas. Você pode fazer isso com uma análise comportamental. Muitos pensam que isto é muito limitado. Mas um olhar mais atento revela que as questões sobre o "porquê" não são apenas superficiais, mas aprofundadas. Ao fazê-lo, obterá uma explicação compreensível para algum comportamento e, ao mesmo tempo, informação, o que reforçará esse comportamento. Às vezes, outras pessoas são os amplificadores que reagem ao teu comportamento.

É por isso que algumas pessoas fazem grandes disparates só para atrair atenção e aplaudir. A autoconcepção também significa que você chega ao fundo da questão sobre quais mecanismos são responsáveis por seu comportamento. Se acontecer que os padrões de comportamento são usados apenas para atrair atenção, você tem um tamanho tangível para mudar o comportamento.

Se você se entende como uma pessoa que se orienta em direção aos outros e faz coisas que não correspondem às suas idéias, você deve adquirir discernimento e aceitar essa orientação. Pergunte a si mesmo se o que você está fazendo faz sentido e se você realmente quer isso.

Compreender-se a si mesmo significa, portanto, nada mais do que lidar com suas próprias inclinações e visões e criar clareza.

Com esta clareza, você tem um vislumbre das coisas e pode decidir se quer mudar ou manter o seu programa de vida. Se você decidir ser diferente, você se aproxima muito mais de si mesmo e se conhece um pouco melhor novamente.

É por isso que você deve eliminar coisas que você não quer da sua vida e apenas fazer as coisas que você quer! Continue se perguntando se você realmente quer fazer isso e o que você realmente ama!

Desta forma, você estabelece a base para desenvolver uma melhor compreensão de si mesmo e desenvolver sua personalidade.

Além do autoconhecimento e do melhor
conhecimento de si mesmo, você também
precisa de um certo nível de conhecimento
humano para obter uma melhor compreensão e
julgamento dos outros.

Adquirir conhecimento da natureza humana e usá-lo para atingir seus próprios objetivos

O conhecimento da natureza humana é também um tema interessante em psicologia positiva. Porque as pessoas emocionalmente inteligentes vêem o mundo com olhos completamente diferentes. Eles têm a capacidade de perceber, influenciar e compreender os sentimentos dos outros. Pessoas com inteligência emocional são verdadeiros líderes porque são capazes de controlar suas próprias emoções e as dos outros para alcançar os objetivos.

Em muitos casos, acreditamos que um olhar é suficiente para poder julgar outra pessoa. Mas para reconhecer como a outra pessoa realmente faz isso, é necessário um olhar mais atento. Porque a primeira impressão pode ser bastante enganadora. O primeiro olhar é apenas uma avaliação espontânea feita a partir do momento presente. Só olhará para trás da fachada se tiver um bom conhecimento da natureza humana.

Grande tentação e perigos à espreita

A grande atração é olhar nos olhos de alguém e ser capaz de dizer imediatamente como essa pessoa se comporta normalmente. É tentador ver num relance se o outro é feliz, triste ou ansioso e o que constitui a sua personalidade. Infelizmente, isso simplesmente não é possível. Ler rostos é uma lição que já fascinava as pessoas da antiguidade. Entre os registros mais antigos estão escritos por Aristóteles, que tratou deste assunto.

Na verdade, a suposição leva à conclusão de que as qualidades mentais de uma pessoa são rapidamente deduzidas de sua aparência em uma fração de segundo. O tiro rápido leva a um julgamento errado e muito rapidamente desperta preconceitos. É por isso que o verdadeiro conhecimento da natureza humana é necessário, não apenas meio-conhecimento!

No passado, a chamada fisionomia era considerada como arte e conhecimento secreto. Isto era usado principalmente por sacerdotes para propósitos ocultos.

Em épocas posteriores, quando o Iluminismo estava na vanguarda, esse ramo da psicologia da expressão ganhou um status mais elevado e tornou-se cada vez mais reconhecido como ensino científico.

Infelizmente, as novas descobertas em fisionomia, que foram trazidas à luz pela ciência, levaram a sérias consequências. O seu compromisso não era pôr-se melhor no lugar dos outros, cultivar uma abordagem mais sensível e tratar as diferenças com estima. Em vez disso, ele foi usado nos séculos XIX e XX para sustentar o racismo e a eugenia no nível científico.

Primeira pista para o conhecimento da natureza humana

A forma da cabeça, a largura da boca ou a altura da testa devem indicar qualidades como força de vontade e inteligência. Esta suposição ainda desencadeia muita discussão na psicologia social, porque os especialistas assumem que nenhuma melhor compreensão para outras pessoas pode ser derivada dela. Numerosos estudos também chegam a diferentes conclusões.

No entanto, há um ponto em que os peritos estão de acordo: O primeiro julgamento que fazes sobre outra pessoa é superficial. Pode, no entanto, ser usado para esboçar a personalidade da outra pessoa. Este primeiro julgamento que você faz sobre outra pessoa pode ser um mecanismo protetor derivado da evolução.

Antes de deixar que outra pessoa se aproxime de si, tente certificar-se. Você olha mais de perto para ele e decide intuitivamente, com base na primeira impressão, se a pessoa tem boas intenções para você ou se deve ser vista como um inimigo.

Esta avaliação inicial pode fazer sentido, mas é apenas uma primeira pista baseada em seus próprios sentimentos e avaliação.

Emoções lidas na cara do outro

Para melhor avaliar outras pessoas, o psicólogo norte-americano Paul Ekman desenvolveu um método chamado Sistema de Codificação de Ação Facial (FACS). Ela remonta a 1978. Você pode reconhecer sete emoções básicas dos movimentos musculares no rosto. Segundo o psicólogo, estão presentes em todos os seres humanos. Estes incluem medo, raiva, surpresa, repugnância, tristeza, alegria e desprezo.

Hoje em dia, muitos programas de computador para reconhecimento de emoções são baseados no método FACS. No entanto, o método é bastante controverso, pois não leva em conta o fato de que as expressões faciais podem ser controladas. É por isso que os críticos assumem que não há possibilidade de fazer uma avaliação correta.

Ter em conta a sua própria influência

Se você quiser avaliar outra pessoa corretamente, você deve estar ciente de que isso não funciona à primeira vista, porque você não é capaz de ver a outra pessoa naturalmente. Sua avaliação é baseada no que você vê e em si mesmo ou em seu humor, experiências e origens culturais.

As pessoas colocam prematuramente outra pessoa numa certa gaveta, embora ainda não disponham de muita informação que justifique esta classificação. Lembre-se sempre que o exterior não revela qualquer visão de valores interiores. Para reconhecê-los, você precisa olhar mais de perto e fazer perguntas. Como é que a pessoa lida com outras pessoas? Quais são os seus ideais? O que é importante para ele?

<u>**Proceder com cuidado**</u>

Especialmente quando se trata de coisas que parecem importantes para você, você deve ter cuidado e não fazer uma avaliação ou julgamento apressado. Mesmo que você acredite que tem um bom conhecimento da natureza humana, pode estar completamente enganado em sua avaliação. Não tem influência na primeira impressão espontânea. Mas você pode usar a primeira impressão para dar uma olhada mais de perto e possivelmente revisar sua primeira opinião.

É um acordo justo. Até pode ser uma grande vitória para ti. À segunda vista, as pessoas que você condenou precipitadamente podem vir a ser pessoas maravilhosas e valiosas.

5 Dicas para melhorar o julgamento

1. Mantenha-se aberto e alerta e lembre-se sempre de que você nunca olha para os outros com objetividade. A sua abordagem baseia-se na sua própria experiência.

2. As aparências exteriores não são uma indicação da personalidade de uma pessoa. Atrativo não significa que esta pessoa também é inteligente, gordura não significa que a pessoa é engraçada. Estes são apenas clichês em que as pessoas gostam de classificar rapidamente outras pessoas.

3. Questiona os teus próprios preconceitos. Porque você inconscientemente julga pessoas ou faixas etárias sem ter refletido sobre elas, porque sua maneira de pensar é marcada por preconceitos.

4. Treinar empatia. Antes de fazer uma
avaliação negativa de outra pessoa, você
deve tentar colocar-se no lugar dela.
Porque é que esta pessoa reage assim? O
que está por detrás disto tudo? Qual é a
razão da sua ação?

5. Ouça também as nuances da conversa.
Eles contam muito sobre a outra pessoa.
Portanto, você deve ouvir com atenção e
reconhecer como a outra pessoa diz algo.
Isto falará muito sobre a personagem.

Manipulação: influência oculta no pensar e agir

Você conhece a situação em que de repente expressa opiniões, e certas formas de pensar, que às vezes não correspondem de forma alguma ao seu modo normal de pensar e agir e são contrárias à sua natureza? Então você conheceu uma pessoa que é um mestre da manipulação.

Você encontra pessoas manipuladoras em todos os lugares e você nem percebe que os pensamentos e opiniões estão implantados em sua cabeça. Você se tornou um fantoche de seu parceiro, amigos, colegas de trabalho ou um orador que influencia sua maneira de pensar e agir com grande persuasão.

A manipulação é composta pelos termos latinos "manus" (mão) e "plere" (preencher) e tem o significado no sentido de "manipulação". O significado análogo ainda é usado hoje em dia. Em sociologia, política e psicologia, a manipulação é entendida como significando influência oculta.

Aqueles que manipulam outras pessoas usam uma abordagem sofisticada e disfarçam os motivos reais, que muitas vezes servem de interesse próprio, a fim de ganhar uma vantagem e alcançar um determinado objetivo.

O comportamento manipulador não tem necessariamente de ser acompanhado de uma avaria. No entanto, se a expressão é extrema, pode haver uma desordem de personalidade anti-social, como o narcisismo. Se outras pessoas são usadas como instrumentos para usar comportamentos manipuladores e fraudulentos em seu próprio benefício, a manifestação faz parte do quadro de distúrbios psicóticos.

Influenciar é o sinônimo frequentemente utilizado de manipulação. No entanto, falta o fator de exploração orientada. A política, por exemplo, usa a influência para influenciar a população na sua forma de ver e agir e para disseminar ideias ideológicas. A influência política é também chamada propaganda.

A influência emocional de outras pessoas para proveito próprio não corresponde de forma alguma às ideias básicas que cada pessoa representa para si própria.

Todos querem tomar decisões de forma autónoma e livre, com base na sua própria paixão e razão. Não devem ser o resultado de manipulação.

9 Sinais de manipulação

Há uma série de fatores que você pode usar para determinar se sua contraparte está tentando manipular. A manipulação psicológica está representada nos seguintes comportamentos, entre outros. Você não é respondido e a pessoa com quem você está falando alcança o sarcasmo. Você começa a ouvir que é impossível falar com você ou eles falam com você como se você fosse uma criança. O seu interlocutor faz-lhe um ultimato.

A comunicação e a linguagem escondem muitos tipos de manipulação psicológica. Através do seu uso, as pessoas embarcam no caminho do abuso emocional e da exploração mental. Há pessoas que dominam o abuso de linguagem de forma absolutamente perfeita e são capazes de controlar, dirigir e orientar as pessoas. Isso também foi demonstrado pelo neo-fascista Licio Gelli na história da Itália, que se especializou na manipulação de grandes multidões de pessoas. Assim, você só precisa ter o conhecimento sobre como se comunicar corretamente para ter controle sobre outras pessoas.

Citação: *"Os pensamentos estragam o que é dito e o que é dito pode estragar as relações humanas."*
George Orwell

Toda a gente conhece muito bem essas situações do dia-a-dia.

Porque estão expostos à constante manipulação em muitas áreas, seja na política, nos meios de comunicação de massa ou através de grandes promessas publicitárias. O objetivo é influenciar sua decisão, seduzi-lo e ganhar controle. A manipulação, que ocorre na esfera privada, é consideravelmente mais versátil e cheia de segredos. Na conversa com seu parceiro, amigos e outros membros da família, ela tem uma camuflagem perfeita e madura, então a armadilha se fecha rapidamente ou você mesmo a usa.

Portanto, é importante que você olhe atentamente para o que está dizendo e trate com cuidado as afirmações manipuladoras. É por isso que precisa prestar muita atenção à escolha das suas frases. Em geral, você deve ter o conhecimento de como detectar e responder à influência psicológica.

<u>**Características da influência psicológica**</u>

Se ocorrer manipulação psicológica verbal, há um desequilíbrio na relação entre você e seu interlocutor. A outra pessoa quer obter uma vantagem pessoal da língua, controlá-lo ou até mesmo prejudicá-lo.

Os sentimentos resultantes não só criam agressões ocultas na outra pessoa, mas também em si mesmo, que todos os sinais definidos para o ataque. As palavras têm o grande poder de penetrar tudo e nem sequer se detêm na identidade, na auto-estima ou na dignidade da outra pessoa. Para que você possa reconhecer a manipulação psicológica, agora você aprenderá a descobri-la.

1. Os fatos estão distorcidos!

Pessoas manipuladoras que perfeitamente
dominam a influência psicológica são
estrategistas únicos e perfeitamente
mestres em torcer a verdade em seu favor.
Com isso, ele cobra a principal dívida
sobre os ombros do interlocutor e reduz
sua parcela de responsabilidade. Fatos
importantes não são sequer colocados
sobre a mesa ou são excessivamente
exagerados. A adaptação ocorre em um
grau tão alto que corresponde exatamente
à própria visão da verdade.

2. Não podes falar com eles, não podes!

Por detrás desta afirmação está não só a
franqueza, mas também a eficácia, uma
vez que o entrevistador se recusa a falar
sobre um problema. Você é acusado de
ser muito emotivo e de fazer um grande
negócio com uma coisinha. Tais
declarações culpam-no, embora o
interlocutor seja o culpado. Esta é a
evidência de uma falta de habilidades de
comunicação.

3. Assédio a nível intelectual

Os manipuladores também gostam de usar
estratégias de comunicação que se movem
em um nível intelectual. Você é
continuamente bombardeado com várias
informações, argumentos, lógica
distorcida e fatos que têm apenas um
objetivo: deixá-lo em um nível emocional
até que você esteja convencido de que seu
interlocutor está certo.

4. Defina um ultimato com uma janela de tempo apertada

Afirmações como "tens até amanhã para pensar
nisso!" e "Se não queres aceitar o que foi
dito assim, isto é o fim!" Tenho a certeza
que já te disseram. Tais comentários são
incriminatórios e dolorosos. Você está
rapidamente preso em um dilema que traz
sofrimento emocional e medo com ele.
Lembre-se sempre que uma pessoa que
realmente o ama e é respeitosa nunca
espera que você tome uma decisão de
tudo ou nada. As pessoas que tentam
manipulá-lo dessa forma não pertencem
ao seu ambiente imediato, pois estão
apenas prejudicando você.

5. Repita o nome da pessoa com quem você está falando o tempo todo!

A repetição constante, contínua e exagerada do seu nome na conversa é um sinal de um hábil mecanismo de controle. Isso é para garantir que você escute atentamente e se deixe intimidar melhor.

6. Humilhação com humor negro e ironia!

Seu parceiro de conversação zomba de você, fornecendo a conversa com humor negro e comentários irônicos. Esse tipo de manipulação psicológica é usado para minimizar você, prejudicá-lo e jogar fora sua superioridade. Em outras palavras, o agressor lhe informa que você não é igual a ele e que você não deve ter sua própria opinião.

7. Fingindo ignorância!

Um clássico para a falsa ignorância é a frase: "Nem sei do que se trata". Seu entrevistador age de forma estúpida e finge não ter idéia do que se trata e o que você quer alcançar com a conversa.

8. **Cuidado com o degrau!**

Isto é brincar com a tua mente. Você é
confrontado com a acusação de que você
só torna as coisas complicadas e que uma
conversa é completamente inútil. Esta
estratégia é muitas vezes utilizada pelos
agressores para fazer você sofrer e não
assumir a responsabilidade.

9. **O teu interlocutor deixa-te o direito de passagem na disputa!**

Mesmo que essa manipulação psicológica seja
sutil, a estratégia tem um efeito
particularmente grande. Porque o parceiro
de conversa consegue duas coisas com
ele. No início, ele ganhou tempo suficiente
para reagir às suas declarações e
argumentos e, ao mesmo tempo, pode
identificar fraquezas para atingir esta
pontuação. Algumas vezes, porém, o
manipulador também se abstém de
expressar suas próprias opiniões e
pensamentos. Simplesmente faz
perguntas e procura falhas em vez de
encontrar uma solução comum de forma
construtiva. Ao manipulá-los desta forma,
o interlocutor consegue fazer com que
você se sinta como uma pessoa fraca e
desajeitada. A manipulação psicológica e

emocional tem muitas outras facetas inesperadas. No entanto, os métodos listados estão entre os mais comuns que você vai encontrar novamente. Eles são usados para intimidação e, portanto, impedem uma troca significativa na conversa. As estratégias colocam-no fora de ação a nível mental, pessoal e emocional. Portanto, é de imensa importância que as estratégias de manipulação sejam reconhecidas e resistidas.

Possibilidades de defesa contra a manipulação oculta

Obtenção duvidosa de informações

Se o seu entrevistador tentar ouvi-lo e a conversa for como uma entrevista, a comunicação tem como objetivo recolher informação. No início pode parecer que esta pessoa quer saber mais sobre si. Isso também é muitas vezes bom, se não for o motivo ulterior para usar a informação para te manipular.

Para que a manipulação tenha sucesso, suas vulnerabilidades devem ser conhecidas. O manipulador nunca vai revelar seus próprios pontos fracos e só vai mostrar-lhe seus pontos fortes. Tem cuidado com o que dizes. O agressor vai explorar as suas fraquezas. Ele não quer saber se te magoa ou não.

Possibilidade de defesa:*Evite que a comunicação seja unilateral e mostre ao entrevistado que você também tem o direito de saber algo sobre ele. Uma conversa bem sucedida não é um jogo interrogativo, mas uma comunicação baseada na reciprocidade. Diz só o que quiseres revelar sobre ti.*

Resista aos poderes de persuasão que o forçam a um canto e o tentam a revelar mais informações. Pergunte ao entrevistador e responda às suas perguntas com contra-questões. Assim, o manipulador rapidamente percebe que ele não pode intimidar você e você desarmar a situação.

<u>**Verdades Falsas**</u>

As pessoas manipuladoras costumam contar histórias que nunca aconteceram antes e tentam dar-lhe informações que estão simplesmente erradas. Infelizmente, isto não é reconhecido imediatamente. Os manipuladores dão crédito ao barão mentiroso de Münchhausen e nem sequer têm a consciência pesada. Para expor tal pessoa, você deve olhar atentamente para o propósito das informações e fatos. Um mentiroso também às vezes se expõe porque responde, justifica e explica perguntas sem importância de uma maneira dissipada. Quando surgem situações que denunciam o mentiroso e questionam sua honestidade, há justificativas excessivas de sua parte, de modo que ele não se mostra na luz errada.

Defesa: Se você acha que tem um caráter manipulador na frente de você, você pode expô-lo muito rapidamente. Se uma declaração parecer duvidosa para você, aproveite a oportunidade e faça perguntas. Se o entrevistador ficar nervoso e evitar as suas perguntas, você pode quase assumir que a história não é verdadeira.

A perseguição e o questionamento direcionados fazem com que o personagem manipulador saia da linha de fogo.

Encanto exagerado

Uma das maiores armas de manipulação é o charme. Se você se deparar com uma pessoa que lhe deu banho com elogios encantadores, você pode quase ter certeza de que a pessoa com quem você está falando é um manipulador. Dê uma olhada de perto para ver se há algo mais por trás do charme ou se essa pessoa é encantadora por natureza.

O egoísmo esconde-se atrás do charme, quando

- Você receberá elogios antes que um pedido seja feito,
- a pessoa só está lá para si em situações em que ele ou ela usufrui dos benefícios,
- quer ganhar uma vantagem através do gesto,
- o charme só é usado em determinadas situações, e
- pouco ou nenhum charme é usado em outras situações.

Se esses pontos se aplicam ao seu parceiro de conversa, ele tem apenas motivos egoístas, que ele quer impor com um comportamento encantador.

Defesa: *Não se deixe cegar pelo comportamento encantador do seu interlocutor, mas observe atentamente o comportamento dele e pergunte por que ele está tão encantador neste momento. O charme não deve ser enredado com condições ou requisitos. Se o entrevistador encontrar você com charme, você não precisa ver nenhuma obrigação nele.*

Você pode dizer "não" quando ele chega na esquina com um favor ou pedido depois de uma ofensiva encantadora. Evite que sua boa natureza seja explorada e que o manipulador receba tudo de você pelo seu charme.

<u>Dê uma olhada mais de perto nos padrões de papéis</u>

As pessoas que te querem explorar aparecem muitas vezes como mártires. Apresentam-se como pessoas de boa índole, auto-sacrificadas e que ajudam as pessoas. Tais pessoas parecem simpáticas e recebem toda a simpatia. Ele usou-o para abrir todas as portas para te manipular. O agressor reconheceu rapidamente onde estão as suas fraquezas e usa-as para chantagem emocional. Ele percebeu o que pode fazer para te magoar e criticar. Dessa forma, ele cria em você uma sensação de inferioridade, da qual muitas vezes emerge uma obrigação emocional. Fazes tudo o que podes para agradar a esta pessoa.

Uma base de confiança frágil também pode ser um sinal de que seu interlocutor quer manipular você. Outra indicação de manipulação é quando o entrevistador lhe confidencia um segredo e depois espera algo em troca. Escute atentamente se o segredo que lhe foi confiado está sendo usado apenas para obter informações importantes de você. Isto ele é garantido para usar em uma data posterior contra você. Se não entrares no papel que te compete, serás imediatamente ignorado e punido com desrespeito.

Defesa: *Se você sente que seu entrevistador quer empurrá-lo para um determinado papel no qual você sente compaixão e ao mesmo tempo é solicitado um favor, todos os sinos de alarme devem tocar imediatamente e, por favor, nocauteá-los.*

Um favor é feito a outra pessoa por razões altruístas e não porque você tem uma consciência culpada. Tome uma posição quando você percebe que tudo o que você quer fazer é desvendar segredos, manter a sua opinião e não confiar cegamente ou prematuramente.

Está livre para tomar as suas próprias decisões?

Os manipuladores são capazes de influenciar significativamente as suas opiniões e decisões. A fim de reconhecer se você está sendo manipulado, você deve olhar mais de perto a sua liberdade de escolha.

➡ A decisão foi tomada por sua própria iniciativa?

➡ A sua decisão é influenciada por influências e pressões externas?

➡ A sua formação de opinião ocorre por influência de uma determinada pessoa?

➡ Tens a sensação de que podes desapontar alguém com a tua decisão?

➡ Há consequências a serem esperadas se você discordar?

Se a resposta às perguntas for "Sim", você sabe que há uma manipulação de sua própria liberdade de decisão e que suas próprias necessidades e sentimentos não estão mais em primeiro plano. Seus sentimentos e necessidades não são relevantes para o manipulador, porque ele só persegue seus próprios objetivos. Você é deixado nas linhas laterais são apenas um meio para um fim.

_Possibilidade de defesa:__Impedir que outra pessoa tome decisões sobre a sua cabeça. Se você acha que sua decisão é boa e correta, confie em seu julgamento e não se deixe restringir._

Eles estão equipados com um senso comum saudável e claro. Só porque a outra pessoa pensa que tem razão, não significa que a tua opinião esteja errada. Analise sua decisão e considere o porquê de ter sido assim. Não seja persuadido a mudar de idéia se você apoiar sua opinião com convicção.

És tratada com respeito?

Se for tratado com respeito, não haverá
compulsão ou pressão. As pessoas
manipuladoras tendem a fazer ameaças a fim de
preparar o caminho para si mesmas e
influenciar os outros emocionalmente. Meios
como promessas de amor ou retirada de amor
são usados para que você se torne complacente.
Você sentirá que é responsável pelo respeito com
que é tratado e pela afeição que recebe. O
manipulador lhe ensina que você deve esperar
consequências se você não atender às suas
expectativas. Ele usa frases que então, expressa
sua decepção através de punições sutis, e toma
uma atitude distanciada em relação a você.
Nenhuma consideração é dada aos seus
sentimentos e necessidades, já que apenas as
necessidades do manipulador estão em primeiro
plano.

*Possibilidade de defesa:Impedir-se de se
tornar emocionalmente dependente num
relacionamento. O importante é que as pessoas
se olhem nos olhos e não tentem influenciar ou
dobrar o outro através de ameaças ou punições.
Se você é desrespeitoso, deixe que a objetividade
e a prudência prevaleçam e permaneça fiel a si
mesmo.*

São feitas comparações entre você e outras pessoas?

Fazer comparações também é um método que os manipuladores gostam de usar para empurrá-lo em uma direção específica. Quando ouvires a frase: "Se o tivesses feito da forma que XY disse, teria sido muito diferente", isto é uma indicação de que o orador quer influenciar-te. Ele está tentando retratar seu caminho como questionável e colocá-lo sob uma má luz. Através da justaposição, o sentimento de inadequação deve surgir em você a fim de provocar uma mudança de comportamento.

***Defesa:** Mostrar limites e explicações que não justas fazer comparações entre você e outra pessoa. Diz ao manipulador que ele te está a magoar e a desrespeitar-te. Deixe claro enfaticamente que você é uma personalidade individual e, portanto, não quer ser confundido com os outros.*

Sentimentos de culpa

Manipulação é a arte de evocar sentimentos como compromisso emocional e culpa em outras pessoas. É por isso que você deve prestar muita atenção ao seu próprio mundo emocional. As seguintes perguntas o ajudarão a reconhecer a manipulação:

- As situações ocorrem uma e outra vez em que você sente que tem que se desculpar?
- Só te sentes culpado quando o teu interlocutor te convence a fazê-lo?
- O teu parceiro de conversa nunca admite os seus próprios erros?
- Tens sempre de encontrar a culpa e fazer de ti o bode expiatório?
- Um pouco de má conduta transforma-se num grande drama?

Se você responder todas essas perguntas com "Sim", provavelmente será manipulado. Através de sentimentos de culpa e uma consciência culpada, surge uma obrigação emocional com a qual você quer reequilibrar a situação. Uma pessoa manipulativa usa seus erros e fraquezas para sua vantagem e, assim, alcança que você acredita estar em sua dívida. Os agressores acham muito difícil assumir responsabilidades e admitir erros.

A atribuição de culpas leva a uma divisão de poder, de modo que a pessoa que manipula assume o papel de vítima. Isto resulta numa grande parte do poder.

Você mesmo é atormentado pela sua consciência culpada e, portanto, está preparado para fazer tudo o que estiver ao seu alcance para corrigir a alegada má conduta.

Defesa: *Desenvolva uma sensibilidade especial para suas próprias emoções e insista que você também pode ficar magoado e desapontado e quer comunicar isso abertamente. É por isso que você deve prestar muita atenção aos seus próprios sentimentos. Tem a opção de conduzir a chamada. Com as perguntas certas, é possível reverter a relação de funções.*

- *Achas que está certo que deves ser sempre uma vítima?*
- *Alguma vez te perguntaste que sentimentos isto me faz sentir?*
- *Que propósito há em você sempre me apresentando como culpado?*
- *Achas que não faz mal criar sempre esta imagem particular de mim?*

A manipulação só funciona desde que se dê à outra pessoa a oportunidade. Desenvolva sensibilidade para as pessoas em seu ambiente e dê uma olhada em suas motivações.

A ação é altruísta ou está escondida atrás da manipulação. Se achas que estás a ser manipulado, o ataque é a melhor defesa. Expresse a sua opinião inequivocamente e fique sozinho. Não há ninguém que tenha o direito de te usar para seu próprio benefício.

Psicologia positiva e os primeiros passos preliminares para finalmente desfrutar da liberdade emocional

Cada pessoa carrega o seu próprio pacote com ele, que nem sempre se amarrou. É, em parte, o legado da educação, normas sociais, filiação religiosa e atitudes equivocadas que constituem muros aparentemente intransponíveis.

Esses pensamentos básicos manifestados o cortam em sua maneira de pensar e nas possibilidades de desenvolvimento de sua própria personalidade. Falta autoconfiança. Há medos e bloqueios porque você não acredita que seja capaz de nada. Faça pesquisa de causa raiz e descubra as razões que o limitam. Refletir sua pessoa e o ambiente direto. Haverá sempre novos obstáculos. Sempre que te levantas de novo, aproximasse um pouco mais da liberdade pessoal.

Max Krone

Volume 1: Psicologia Positiva

Volume 2: Manipulação e Linguagem Corporal
&
Volume 3: Psicologia para iniciantes

e outros livros de **Max Krone** estão agora disponíveis na Amazon.
Basta introduzir **Max Krone na** barra de pesquisa da Amazon.

***** _**Olá querido leitor Se você gostou do livro, apoie o autor, deixando seu comentário ou crítica.**_

Exoneração de responsabilidade

O conteúdo deste livro foi preparado e verificado com muito cuidado.Para a exatidão, completude e atualidade do escrito, no entanto, não garantia pode ser garantida.

Bem como não para o sucesso ou fracasso na aplicação da leitura. O conteúdo do livro reflete a opinião pessoal e a experiência do autor. O conteúdo deve ser interpretado de tal forma que sirva para fins de entretenimento. Ele não deve ser confundido com ajuda médica.

A responsabilidade legal ou responsabilidade pela execução contraproducente ou interpretação incorreta do texto e conteúdo não é assumida.

Impressão
Autor: Max Krone
representada por:

MAK DIRECT LLC
2880W OAKLAND PARK BLVD, SUITE 225C
PARQUE DE CARVALHOS, FL 33311
FLORIDA
markus.kkober@gmail.com

www.ingramcontent.com/pod-product-compliance
Lightning Source LLC
Chambersburg PA
CBHW031144250726
48655CB00002B/835